Bienvenue dans le monde merveilleux de la maternelle, où chaque jour est une aventure et chaque coin de salle de classe cache des trésors d'apprentissage et de joie. "Ma rentrée en maternelle ! Petits contes pour préparer sa rentrée !" est une collection de contes charmants et instructifs, conçue spécialement pour accompagner les petits de 3 à 5 ans dans leur grande transition vers la maternelle.

À travers les yeux de Timéo, Zoé, Clara, et de nombreux autres enfants curieux et courageux, ce livre explore les émotions et les découvertes de la première rentrée scolaire. Chaque histoire est un mélange de rêve et de réalité, peuplée de personnages attachants et de situations à la fois amusantes et éducatives.

Plongez dans ces récits qui sont autant d'occasions d'apprendre et de grandir, où les enfants découvrent le partage, l'amitié et l'importance de la curiosité. À chaque page, les jeunes lecteurs et leurs parents trouveront des moments de complicité, des leçons de vie et, surtout, beaucoup de plaisir.

Préparez-vous à ouvrir ce livre comme on ouvre la porte d'une nouvelle salle de jeu, où chaque histoire est une fenêtre colorée ouverte sur le monde vaste et accueillant de la maternelle. Embarquez dans cette aventure enchantée, où chaque petit pas dans l'apprentissage est un grand pas vers l'autonomie et la confiance en soi.

Découvrez le bonheur de la première fois, l'excitation de la découverte, et le réconfort de l'amitié dans "Ma rentrée en maternelle ! Petits contes pour préparer sa rentrée !", où chaque jour d'école est une célébration de la nouvelle vie qui commence.

Freddy

Le grand voyage de Timéo

Timéo, un petit garçon aux yeux pétillants et à la tignasse ébouriffée, vivait dans une petite maison colorée au bord d'une clairière enchantée. Son meilleur ami était son chat, Moustache, qui suivait Timéo partout, même dans ses rêves les plus fous. Mais aujourd'hui n'était pas un jour ordinaire ; c'était le premier jour de Timéo à la maternelle.

Avec un sac à dos aussi grand que lui, rempli de crayons de couleurs et d'un goûter préparé avec amour par sa maman, Timéo se sentait prêt pour l'aventure. En marchant vers l'école, il regardait les arbres chuchoter dans le vent et les papillons danser autour de lui, se demandant si l'école serait tout aussi magique.

Arrivé à l'école, Timéo fut accueilli par Madame Léa, une enseignante aux cheveux argentés et au sourire aussi lumineux qu'une journée d'été. La salle de classe était un tableau vivant de couleurs et de formes, avec des dessins d'animaux et de forêts sur chaque mur. Les enfants, tous aussi curieux et excités que lui, commençaient déjà à jouer ensemble.

Au début, Timéo se sentit un peu perdu parmi tant de nouveaux visages. Mais il n'a pas fallu longtemps avant qu'il ne soit invité à rejoindre un groupe d'enfants construisant une tour de blocs. Ensemble, ils riaient et apprenaient à se connaître, découvrant que malgré leurs différences, ils partageaient tous la même excitation et la même curiosité pour tout ce qui était nouveau.

À l'heure du conte, Madame Léa raconta une histoire d'un dragon gentil qui cherchait des amis. Timéo, écoutant attentivement, comprenait que comme le dragon, il suffisait parfois de partager un sourire ou un jeu pour trouver des amis.

La journée passa comme un petit ruisseau joyeux, avec des jeux, des chants, et des découvertes. À la fin de la journée, alors que sa maman venait le chercher, Timéo était plein d'histoires à raconter. Il avait appris que chaque enfant à l'école, tout comme les personnages de ses contes préférés, avait une histoire unique.

Le premier jour d'école de Zoé

Dans un petit village entouré de collines douces et de champs fleuris, vivait une petite fille nommée Zoé. Zoé avait de grands yeux curieux et une cascade de cheveux bouclés qui dansaient au vent chaque fois qu'elle courait à travers les prés. Aujourd'hui, c'était un jour très spécial pour Zoé : son premier jour à la maternelle.

Vêtue de sa robe à pois préférée et de ses petites chaussures brillantes, Zoé tenait fermement la main de son papa en marchant vers la grande bâtisse colorée qui serait désormais son école. Son cœur battait un peu plus vite que d'habitude, mais l'excitation de découvrir un nouveau monde brillait dans ses yeux.

Lorsqu'ils entrèrent dans la classe, Zoé fut émerveillée par les murs décorés de peintures de dragons, de forêts enchantées et de mers mystérieuses. Madame Cerise, l'enseignante, accueillait chaque enfant avec un doux sourire. Elle portait une robe éclatante qui semblait contenir toutes les couleurs de l'arc-en-ciel.

Madame Cerise présenta Zoé à ses nouveaux camarades. Il y avait Hugo, qui aimait raconter des histoires de pirates ; Lila, qui avait apporté une poupée elfique ; et Max, dont le rire ressemblait à celui d'un petit lutin malicieux.

Au début, Zoé se sentait un peu seule, regardant les autres enfants comme s'ils appartenaient à un monde différent. Mais quand Madame Cerise commença à raconter une histoire de magie et d'aventure, Zoé se laissa emporter par les mots et bientôt, sans même s'en rendre compte, elle était assise au milieu des autres, écoutant avec avidité.

L'heure du déjeuner arriva, et Zoé partagea ses biscuits en forme d'étoile avec Lila. Elles découvrirent qu'elles aimaient toutes les deux les contes de fées et les licornes. Hugo et Max se joignirent à elles, et ensemble, ils imaginèrent une aventure où ils étaient des héros dans une forêt enchantée.

La journée passa vite, et quand le papa de Zoé vint la chercher, elle courut vers lui avec un grand sourire, racontant avec enthousiasme tout ce qu'elle avait appris et les amis qu'elle s'était faits.

Les petits pas de Clara

Dans un petit village perché au sommet d'une colline fleurie, Clara se préparait pour son tout premier jour à la maternelle. Clara était une petite fille à la chevelure auburn et aux yeux brillants de malice. Elle adorait les histoires que sa grand-mère lui racontait le soir, mais aujourd'hui, elle allait vivre sa propre aventure.

Le matin de la rentrée, Clara portait un sac à dos rose orné de petits papillons, son doudou préféré bien en vue. Elle tenait la main de son papa, et ensemble, ils marchaient vers la grande école qui semblait presque un château dans les yeux émerveillés de Clara.

La classe de Clara était un arc-en-ciel de couleurs et de rires. Des dessins d'animaux et de fées couvraient les murs, et un tapis moelleux avec un motif de l'océan invitait les enfants à s'asseoir et à écouter. La maîtresse, Madame Élise, accueillait chaque enfant avec un doux sourire et une petite étreinte. Elle portait une robe bleue ciel qui faisait penser à Clara à l'eau claire d'une rivière.

Clara était un peu intimidée par tous les nouveaux visages, mais elle trouva vite du réconfort auprès d'un garçon nommé Louis, qui lui montra sa collection de cailloux colorés. Ensemble, ils partagèrent des histoires sur les pierres, imaginant qu'elles venaient de lointaines planètes magiques.

Lorsqu'il fut temps de jouer dehors, Clara et Louis, accompagnés de nouveaux amis, explorèrent le terrain de jeux comme de jeunes explorateurs découvrant un nouveau monde. Ils grimpèrent sur des structures qui ressemblaient à des montagnes et glissèrent sur des toboggans qui se transformaient en arcs-en-ciel.

À l'heure du goûter, Clara ouvrit son petit sac à dos pour partager ses biscuits en forme d'étoile avec ses amis. Ils riaient et bavardaient, les miettes de biscuit volant comme des petites étoiles filantes autour d'eux.

Quand le jour toucha à sa fin, Clara était fatiguée mais remplie de joie. Elle avait appris que même un petit pas dans un nouveau lieu pouvait mener à des aventures extraordinaires et à de merveilleuses amitiés.

Le jardin secret de Noé

Noé, un petit garçon aux cheveux bouclés et aux yeux pétillants de curiosité, vivait dans une petite ville entourée de montagnes majestueuses. Aujourd'hui était un jour spécial pour Noé, car c'était son premier jour à la maternelle. Il avait attendu ce moment avec impatience, son sac à dos rempli de crayons de couleur et d'un petit livre d'images sur les animaux de la forêt.

Le matin de la rentrée, Noé prit soigneusement la main de sa maman et ensemble, ils marchèrent vers la grande école colorée qui se dressait fièrement au milieu de jardins verdoyants. En arrivant, Noé fut émerveillé par la vue des autres enfants qui jouaient déjà dans la cour, leurs rires et leurs cris formant une mélodie joyeuse.

Madame Iris, l'enseignante, accueillit Noé avec un grand sourire. Elle portait une robe à motifs de papillons qui semblait s'animer à chaque mouvement. La classe de Noé était un véritable festival de couleurs et de formes, avec des dessins d'arbres, de rivières et d'animaux peints sur chaque mur. Il se sentait comme s'il entrait dans un monde enchanté, un secret bien gardé juste pour eux, les enfants.

Peu à peu, Noé commença à explorer les différents coins de la salle de classe. Il y avait un coin lecture, où des livres de toutes les couleurs formaient un arc-en-ciel, un coin arts plastiques avec des pinceaux et des peintures prêtes à l'emploi, et même un petit jardin intérieur avec des plantes vertes et des fleurs qui embaumaient l'air.

À l'heure du jeu, Noé se lia d'amitié avec Emma, une petite fille aux longs cheveux tressés qui adorait les histoires de fées et de dragons. Ensemble, ils construisirent un château fort avec des blocs de bois, imaginant qu'ils étaient des chevaliers et des princesses défendant leur royaume contre un dragon imaginaire.

Le déjeuner arriva, et Noé partagea ses sandwichs en forme de cœur avec ses nouveaux amis. Ils parlèrent de leurs jeux, de leurs familles, et de ce qu'ils espéraient apprendre à l'école. Noé réalisait que chaque enfant avait sa propre histoire, mais aujourd'hui, ils avaient commencé un nouveau chapitre ensemble.

En fin de journée, alors que le soleil commençait à se coucher, les enfants sortirent dans le jardin de l'école.

Là, ils découvrirent un magnifique papillon qui se posa délicatement sur l'épaule de Noé. Madame Iris leur expliqua que c'était un signe de bonne chance et de nouvelles aventures à venir.

La grande aventure de Lila

Dans un coin paisible du monde, bordé par une forêt dense et un lac scintillant, se trouvait le petit village de

Vertpré. Lila, une petite fille aux cheveux noirs comme l'ébène et aux yeux d'un vert éclatant, vivait là avec sa famille. C'était une journée spéciale pour Lila, car c'était son premier jour à la maternelle.

Lila se réveilla tôt ce matin-là, ses yeux brillants d'excitation. Sa maman l'avait aidée à choisir une robe jaune soleil et des petites chaussures blanches. Sur le chemin de l'école, Lila serrait contre elle son sac à dos neuf, décoré d'un motif de licorne, son animal préféré.

L'école de Lila ressemblait à une grande maison colorée, avec des fenêtres décorées de dessins joyeux et un jardin où poussaient des tournesols et des marguerites. Lila fut accueillie par Madame Fleurette, l'enseignante, qui portait un tablier fleuri et un sourire aussi chaleureux que le soleil matinal.

Dans la classe, des enfants de son âge s'affairaient déjà autour de tables parsemées de papiers colorés, de pâtes à modeler et de puzzles. Lila sentit une vague de timidité, mais la douceur de Madame Fleurette la rassura rapidement. Elle fut présentée à un petit groupe d'enfants qui l'invita à jouer. Parmi eux, Tom, un garçon aux cheveux bouclés et à la tache de rousseur solitaire, devint vite son ami.

Au cours de la matinée, Lila découvrit le plaisir de peindre, de construire des tours de blocs et d'écouter des histoires fantastiques. Elle apprit même une chanson sur les étoiles et la lune, qu'elle chantait joyeusement en tapant des mains.

À l'heure du déjeuner, tous les enfants partagèrent leurs repas dans le grand jardin de l'école. Lila et Tom partagèrent des sandwichs au fromage et des raisins, parlant des nuages qu'ils imaginaient être des châteaux flottants et des dragons.

La journée passa comme un doux rêve, et lorsque le papa de Lila vint la chercher, elle courut vers lui, ses yeux pétillants de récits à partager. Sur le chemin du retour, Lila raconta comment elle avait surmonté sa peur et découvert qu'elle pouvait se faire des amis et apprendre de nouvelles choses.

Le premier jour de Milo

Dans le petit village de Doucevallée, là où les ruisseaux chantent et où les papillons dansent avec les fleurs, Milo se préparait pour un grand jour. C'était son premier jour à la maternelle, et le petit garçon aux yeux bleus et aux cheveux ébouriffés ressentait un mélange d'excitation et de nervosité.

Avant de partir, la maman de Milo lui avait préparé un petit sac avec tout ce dont il aurait besoin : un cahier bleu ciel, une boîte de crayons de couleur, et une petite pomme pour la récréation. Milo, tenant fermement la main de son papa, marcha vers l'école, ses petites jambes battant le rythme de sa nouvelle aventure.

L'école de Milo était une charmante bâtisse aux murs peints en jaune doux, avec un toit rouge vif qui brillait sous le soleil du matin. À l'entrée, il fut accueilli par Madame Rosalie, son enseignante, qui portait une robe à fleurs et un large sourire. « Bienvenue, Milo ! » dit-elle avec douceur, en lui montrant le chemin de la salle de classe.

La salle était un véritable festival de couleurs et de formes. Des dessins d'animaux, des cartes du monde et des lettres de l'alphabet décoraient les murs. D'autres enfants, tout aussi timides et curieux que Milo, étaient déjà là, explorant les coins jeux, les livres et les jouets.

Milo se sentait petit dans ce nouvel univers, mais sa curiosité le poussa à rejoindre une table où quelques enfants construisaient une grande tour de blocs. Une petite fille aux cheveux bouclés et aux yeux rieurs lui tendit un bloc. « Veux-tu nous aider, Milo ? » lui demanda-t-elle. Le cœur de Milo bondit de joie, et ensemble, ils bâtirent non seulement une tour, mais aussi le début d'une belle amitié.

Au fil de la journée, Milo découvrit de nouveaux jeux, écouta des histoires captivantes et apprit des chansons qui parlaient de soleil, de lune et de rêves. À l'heure du goûter, assis sous un vieux chêne dans la cour de l'école, Milo partagea ses biscuits avec ses nouveaux amis. Ils riaient et parlaient comme s'ils se connaissaient depuis toujours.

Quand la cloche sonna la fin de la journée, Milo ne voulait pas partir. Il avait découvert un monde où chaque instant était une aventure, et chaque rencontre, une porte ouverte sur un trésor d'amitié.

Les aventures enchantées de Sophie à la maternelle

Dans le village enchanté de Floraison, entouré de forêts luxuriantes et de ruisseaux chatoyants, vivait une petite fille nommée Sophie. Avec ses cheveux blonds toujours tressés et ses yeux rieurs, Sophie était prête pour son premier grand jour à la maternelle. Elle avait attendu ce moment avec impatience, écoutant avec avidité les histoires que ses frères et sœurs aînés lui racontaient sur leurs propres aventures à l'école.

Ce matin-là, Sophie s'était habillée toute seule, choisissant une robe rose à pois blancs et des petites sandales argentées. Sa maman l'avait aidée à préparer son sac à dos, y glissant un cahier neuf et une boîte à crayons scintillante. Après un copieux petit-déjeuner, elle prit la main de son papa, et ensemble, ils marchèrent vers l'école, le cœur de Sophie battant de joie et d'un soupçon de nervosité.

L'école de Sophie était un bâtiment joyeux, peint en jaune vif avec des volets bleus. À son arrivée, elle fut accueillie par Monsieur Léon, son enseignant, dont le sourire bienveillant et la douce voix rassurèrent immédiatement Sophie. La classe était un véritable trésor de découvertes : des murs ornés de dessins d'animaux fantastiques, des étagères remplies de livres colorés, et un coin de jeux qui semblait tout droit sorti d'un conte de fées.

Sophie fut vite captivée par les activités préparées par Monsieur Léon. Elle participa à un atelier de peinture, où ses petits doigts transformèrent une simple feuille blanche en une explosion de couleurs vives. Plus tard, elle et ses nouveaux amis construisirent une forteresse avec des blocs de construction, chacun racontant l'histoire d'un chevalier ou d'une princesse qu'ils imaginaient.

À l'heure du goûter, assis sous un grand chêne dans la cour de l'école, Sophie partagea ses biscuits en forme d'étoiles avec une nouvelle amie, Clara. Elles parlèrent des papillons qu'elles avaient vus et des chansons qu'elles avaient apprises, se promettant d'être les meilleures amies pour toujours.

Quand la cloche sonna la fin de la journée, Sophie ne voulait pas partir. Elle avait trouvé un monde magique où chaque jour promettait de nouvelles aventures et découvertes. En rentrant chez elle, elle raconta avec exubérance à sa famille tout ce qu'elle avait fait, vue, et appris.

Le trésor de Tom

Dans le petit village de Luneclair, là où les étoiles semblent sourire chaque nuit, vivait un jeune garçon nommé Tom. Tom avait les cheveux roux comme les feuilles d'automne et des taches de rousseur qui jouaient à cache-cache sur son visage quand il riait. Aujourd'hui, Tom allait vivre une grande première : sa rentrée en maternelle.

Réveillé par les premiers rayons du soleil, Tom sauta de son lit avec un enthousiasme débordant. Sa maman lui avait préparé un sac à dos bleu marine, dans lequel elle avait glissé un goûter, une boîte à crayons et un petit cahier vert. Sur le chemin de l'école, Tom tenait la main de son papa, écoutant attentivement les conseils qu'il lui donnait, son cœur battant à l'idée de toutes les nouvelles choses qu'il allait découvrir.

L'école de Tom était un charmant bâtiment de brique rouge, entouré d'un grand jardin où des arbres centenaires veillaient sur les secrets des enfants. Madame Martin, son enseignante, accueillait chaque élève avec un sourire bienveillant. Elle portait une robe à motifs de livres et de crayons, et son regard pétillait de gentillesse.

La classe de Tom était un monde magique rempli de couleurs vives et de rires d'enfants. Des posters de forêts enchantées, d'animaux parlants et de paysages lointains décorent les murs, invitant les enfants à rêver et à explorer. Tom fut immédiatement captivé par le coin lecture, où des coussins moelleux et des étagères remplies de livres colorés promettaient des aventures sans fin.

Lors de la première activité, Tom et ses nouveaux amis furent invités à dessiner ce qu'ils aimaient le plus. Tom, qui adorait les pirates, dessina un bateau pirate naviguant sur les vagues de l'océan. À côté de lui, une petite fille nommée Léa dessina un trésor caché sous un arc-en-ciel. Ensemble, ils imaginèrent une histoire où ils partaient à la recherche du trésor perdu, bravant des tempêtes et découvrant des îles mystérieuses.

À l'heure du déjeuner, les enfants partagèrent leurs histoires et leurs rêves sous le grand chêne du jardin.

Tom apprit que chacun avait quelque chose d'unique à partager, et que chaque ami était un trésor à découvrir.

En rentrant chez lui, les yeux de Tom brillaient d'excitation. Il raconta à ses parents toutes les merveilles de sa journée, les nouveaux amis qu'il avait faits, et les aventures qu'il avait déjà vécues. Il comprit que l'école était un lieu où chaque jour apportait son lot de trésors et de découvertes.

La première cape de super-héros de Julien

Dans la petite ville de Valdouce, où les maisons semblaient sourire et les jardins chantaient avec les couleurs de l'été, Julien, un petit garçon aux cheveux ébouriffés et aux yeux pétillants d'imaginaire, se préparait pour son tout premier jour de maternelle.

Ce matin-là, Julien avait choisi de porter sa cape de superhéros, car pour lui, aller à l'école était comme partir en mission. Sa maman l'avait aidé à fixer l'écusson, un J majestueux pour Julien, sur le dos de la cape bleue, et lui avait préparé un sac avec tout ce dont un superhéros avait besoin : une boîte à goûter, une gourde, et un paquet de crayons.

Marchant vers l'école, Julien sentait son cœur battre à la cadence d'un tambour. Mais à mesure qu'il se rapprochait, sa cape flottant fièrement derrière lui, son inquiétude se transformait en excitation. L'école de Julien ressemblait à un château fort, avec de grandes portes qui s'ouvraient sur un monde de découvertes.

Madame Brun, l'enseignante, accueillait chaque enfant avec un sourire qui réchauffait le cœur. Elle portait un chapeau rigolo orné de petites étoiles et une robe qui scintillait légèrement. « Bienvenue, superhéros Julien ! » s'exclama-t-elle en voyant sa cape. Julien se sentit soudain prêt à conquérir le monde, ou du moins la maternelle.

La classe était un arc-en-ciel de possibilités. Il y avait des coins pour lire, dessiner, jouer, et même un petit laboratoire pour les jeunes scientifiques. Julien fut particulièrement attiré par le coin des constructeurs, où il aidait à bâtir des tours gigantesques et des châteaux forts.

Tout au long de la journée, Julien découvrit qu'il n'était pas le seul à aimer les aventures. Il rencontra Mia, qui portait un bandeau de pirate, et Léo, dont le t-shirt était couvert de fusées. Ensemble, ils formèrent un trio d'explorateurs, naviguant à travers les jeux, les histoires et les chansons.

À l'heure du déjeuner, partageant ses biscuits en forme de planètes, Julien réalisa que chaque ami était comme un nouveau monde à découvrir. Les histoires de Mia sur les océans et les chasses au trésor, les rêves de Léo d'aller dans l'espace, tout cela ajoutait à la magie de la journée.

Quand vint l'heure de rentrer à la maison, Julien était fatigué mais rempli de joie. Il avait appris que l'école était un lieu où même un superhéros comme lui pouvait trouver des amis, apprendre et surtout, partager ses propres histoires.

Le jardin des couleurs de Nina

Nina, avec ses cheveux bouclés et son sourire contagieux, était prête pour son tout premier jour à la maternelle. Sa petite ville, bordée de montagnes couvertes de brume et de vastes prairies fleuries, s'éveillait doucement ce matin-là. Pour Nina, cette journée n'était pas comme les autres; c'était le début de sa grande aventure.

Vêtue d'une robe à rayures multicolores et de petites baskets rouges, Nina tenait la main de son papa en marchant vers l'école. Son sac à dos, décoré de papillons et de coccinelles, semblait aussi excité qu'elle à l'idée de découvrir ce nouveau monde.

L'école de Nina ressemblait à un grand chalet de couleurs, avec ses murs peints en jaune joyeux et son toit bleu ciel. À peine avait-elle franchi la porte que Madame Lila, son enseignante, l'accueillait avec une douceur et une chaleur qui faisaient fondre toute appréhension. Madame Lila portait une robe violette et un chapeau orné de petites fleurs qui dansaient au rythme de ses mouvements.

La classe de Nina était un véritable tableau vivant. Des dessins d'animaux, des arbres aux feuilles chatoyantes et des étoiles scintillantes ornaient les murs. Chaque coin de la salle promettait des histoires et des jeux captivants. Nina fut particulièrement attirée par le coin nature, où de vraies plantes vertes et une petite fontaine créaient un petit oasis de tranquillité.

Au cours de la matinée, Nina et ses nouveaux amis participèrent à des activités qui éveillaient leurs sens et leur curiosité. Ils peignirent avec des couleurs qui semblaient chanter, modelèrent de l'argile en formes amusantes, et écoutèrent des histoires qui les transportaient dans des mondes fantastiques.

À l'heure du déjeuner, assis dans le petit jardin de l'école, Nina partagea ses sandwichs en forme de cœur avec une nouvelle amie, Éloïse. Ensemble, elles observèrent les papillons virevolter et les abeilles butiner, émerveillées par la simplicité et la beauté de la nature qui les entourait.

Quand vint l'heure de rentrer à la maison, Nina était remplie de joie et d'histoires à raconter. Elle avait appris que chaque couleur du jardin de l'école avait une histoire et que chaque ami rencontré était un trésor.

Le grand voyage de Léonie

Dans le petit village de Soleillevé, où les jardins murmuraient des histoires au vent et où les oiseaux chantaient des mélodies douces, vivait une petite fille nommée Léonie. Léonie, avec ses yeux brillants de curiosité et ses petites tresses brunes, attendait avec impatience son premier jour à la maternelle.

Le matin de la rentrée, Léonie enfila sa robe à fleurs préférée et ses chaussures qui brillaient sous le soleil du matin. Sa maman lui avait préparé un sac à dos rose avec tout le nécessaire pour un jour d'aventure : un goûter, une gourde d'eau, et un cahier orné de stickers d'animaux.

En chemin vers l'école, Léonie tenait la main de son papa, marchant d'un pas décidé vers la grande bâtisse colorée qui serait son nouvel univers de découverte. L'école semblait un château enchanté, peint en couleurs vives, où chaque fenêtre semblait raconter une histoire.

Madame Chloé, la maîtresse de Léonie, l'accueillit avec un sourire qui réchauffait le cœur. Elle portait une robe parsemée d'étoiles et un collier de perles qui scintillaient comme des petites lunes. « Bienvenue, Léonie ! » dit-elle avec douceur, guidant Léonie et les autres enfants à l'intérieur de la classe.

La salle de classe était un véritable arc-en-ciel de possibilités. Il y avait des coins jeux, des bacs de livres illustrés, des puzzles et des dessins accrochés partout. Léonie fut immédiatement attirée par le coin artistique, où de la peinture, des pinceaux et des feuilles blanches les attendaient pour donner vie à leurs imaginaires.

Au fil de la journée, Léonie apprit à connaître ses camarades de classe. Elle découvrit qu'ensemble, ils pouvaient voyager dans des mondes inventés, construire des tours plus hautes qu'eux, et rire jusqu'à ce que le vent emporte leur joie au-delà des murs de la classe.

Lorsque le déjeuner arriva, tous les enfants partagèrent leurs goûters sous un vieux chêne dans la cour, échangeant des histoires et des sourires. Léonie se sentit comme si elle avait trouvé un nouveau trésor : l'amitié.

En rentrant chez elle, Léonie était pleine de récits à raconter. Elle avait découvert que l'école était une île de trésors cachés, où chaque jour offrait de nouvelles aventures et le précieux cadeau de nouveaux amis.

Le premier vol de Clara

Dans la petite ville de Brisevent, où les collines ondulent doucement sous un ciel toujours bleu, Clara, une petite fille aux yeux vifs et à la chevelure dorée comme les blés en été, s'apprêtait à vivre un grand jour. C'était le jour de sa première rentrée en maternelle, un moment que Clara attendait avec un mélange de joie et de nervosité.

Clara avait choisi pour l'occasion une robe à pois avec des petites ailes attachées dans le dos, car elle aimait se sentir comme un papillon prêt à prendre son envol. Sa maman l'avait aidée à préparer son petit sac avec soin : un déjeuner emballé dans une boîte ornée de dessins d'animaux, un cahier neuf, et une trousse remplie de crayons colorés.

En arrivant à l'école, Clara fut émerveillée par le grand portail peint en couleurs vives, qui s'ouvrait sur un jardin où des fleurs multicolores dansaient dans la brise. L'école elle-même était une grande maison chaleureuse avec des fenêtres riantes et des murs décorés de fresques de forêts enchantées et de mers lointaines.

Madame Sophie, l'enseignante, accueillit Clara avec un sourire aussi lumineux que le soleil. Elle portait une robe bleue ornée de petits nuages et tenait à la main une baguette magique décorée de rubans. "Bienvenue, Clara ! Nous allons vivre ensemble de merveilleuses aventures," lui dit-elle en l'invitant à entrer.

La classe était un véritable paradis pour les curieux. Il y avait des coins de lecture, des tables de science, et un atelier d'art où Clara et ses nouveaux amis pourraient créer et explorer. Clara fut particulièrement attirée par le coin des conteurs, où des livres illustrés promettaient des histoires palpitantes.

Tout au long de la journée, Clara apprit à jouer avec les autres enfants, à partager ses idées, et à travailler en équipe pour construire de hautes tours et résoudre des énigmes amusantes. Elle découvrit que chaque ami avait quelque chose d'unique à offrir et que travailler ensemble rendait chaque tâche plus facile et plus amusante.

À l'heure du déjeuner, sous un vieux chêne du jardin de l'école, Clara partagea ses biscuits en forme de lune et écouta les rêves de ses camarades, réalisant que chaque enfant avait ses propres espoirs et merveilles à partager.

En fin de journée, alors que ses parents venaient la chercher, Clara ne voulait pas quitter ce monde magique. Elle avait appris que l'école était un lieu où son esprit pouvait s'envoler aussi librement qu'un papillon, explorant et apprenant sans cesse.

Le premier jour de Maxime au pays des merveilles

Dans le paisible village de Rêvebourg, où les maisons semblaient chuchoter des contes anciens sous les toits fleuris, vivait un petit garçon nommé Maxime. Avec ses yeux curieux et son sourire espiègle, Maxime était prêt pour une grande aventure : son premier jour de maternelle.

Ce matin-là, Maxime portait un t-shirt orné de son héros de dessin animé préféré, armé de son sac à dos qui semblait presque aussi grand que lui. Sa maman l'avait aidé à préparer son goûter préféré et un petit carnet de dessin, pour capturer les moments magiques de la journée.

En arrivant à l'école, Maxime fut accueilli par la grande porte bleue de la maternelle, décorée de vignes grimpantes et de petites étoiles scintillantes. L'enseignante, Madame Élise, l'attendait avec un grand chapeau orné de plumes colorées et un sourire aussi lumineux que le soleil matinal. « Bienvenue au pays des merveilles, Maxime ! » s'exclama-t-elle, invitant Maxime et les autres enfants à la suivre dans la classe.

La salle de classe était un tableau vivant, remplie de couleurs vives et de décors qui semblaient tout droit sortis d'un livre d'images. Il y avait des coins de jeux qui reproduisaient des forêts enchantées, des océans mystérieux, et des châteaux de contes de fées. Maxime fut immédiatement attiré par le coin des explorateurs, où des cartes du monde et des boussoles promettaient des aventures sans fin.

Tout au long de la journée, Maxime découvrit le plaisir d'apprendre en jouant. Il peignit avec des pinceaux qui chatouillaient le papier, construisit des tours qui touchaient presque le plafond, et écouta des histoires qui faisaient danser son imagination. Il apprit aussi à partager, à écouter, et à rire avec ses nouveaux amis.

À l'heure du déjeuner, sous le grand arbre du jardin de l'école, Maxime partagea ses biscuits en forme de lune avec une nouvelle amie, Léa. Ensemble, ils imaginèrent des histoires où ils étaient des astronautes, explorant des planètes lointaines et découvrant des galaxies cachées.

Quand le jour toucha à sa fin, Maxime ne voulait pas quitter ce monde fantastique. Mais il savait que demain, de nouvelles aventures l'attendaient. En rentrant chez lui, il raconta à ses parents toutes ses découvertes et les merveilles qu'il avait vécues.

Le jour où Zoé a conquis les étoiles

Dans le village paisible de Clairmont, où chaque maison arbore des jardins fleuris et où les rires des enfants résonnent comme de la musique, une petite fille nommée Zoé attendait avec impatience son premier jour de maternelle. Zoé, avec ses boucles ébènes et ses yeux scintillants d'excitation, savait que ce jour serait spécial.

Le matin de la rentrée, Zoé enfila sa robe préférée ornée d'un motif de petites étoiles et de planètes. Elle avait même choisi des barrettes en forme de fusée pour ses cheveux, montrant à tous son amour pour l'espace. Son sac à dos, rempli de fournitures soigneusement choisies avec sa maman, semblait prêt pour l'aventure.

En chemin vers l'école, le cœur de Zoé battait fort, mais elle se sentait prête à explorer ce nouveau monde. L'école semblait un château de conte de fées, avec ses grandes portes accueillantes et ses fenêtres colorées.

Madame Dupont, l'enseignante, accueillait chaque enfant avec un doux sourire et une bienveillance qui mettait immédiatement à l'aise. Zoé fut fascinée par la salle de classe, décorée de cartes du ciel et de modèles de planètes suspendus au plafond. C'était comme entrer dans un observatoire magique.

Dès les premières activités, Zoé découvrit le plaisir d'apprendre et de jouer avec d'autres enfants qui partageaient sa curiosité. Ils peignirent des galaxies, construisirent des fusées en blocs de construction et écoutèrent des histoires sur des astronautes courageux.

L'un des moments les plus spéciaux fut lorsqu'ils utilisèrent un petit télescope pour regarder le jardin de l'école transformé en un terrain d'exploration lunaire. Zoé se sentait comme une véritable exploratrice, découvrant un nouveau monde.

À la fin de la journée, alors que ses parents venaient la chercher, Zoé était rayonnante de joie. Elle avait appris que l'école était un lieu où ses rêves d'étoiles et de planètes pouvaient prendre vie, où elle pouvait être à la fois une élève et une exploratrice de l'univers.

Le petit jardinier de la maternelle

Dans le charmant village de Vertpré, où les arbres murmuraient des histoires anciennes au gré du vent, vivait un petit garçon nommé Hugo. Hugo avait toujours été fasciné par les plantes et les fleurs. Son jardin était son royaume, et chaque pétale, une merveille à ses yeux. Aujourd'hui, il était temps pour Hugo de commencer une nouvelle aventure : sa première journée de maternelle.

Pour l'occasion, Hugo portait une salopette verte brodée de petites feuilles et de coccinelles. Sa maman l'avait aidé à préparer un sac à dos jaune, rempli de crayons de couleur et d'un petit carnet de dessin, car Hugo aimait dessiner tout ce qu'il observait dans la nature.

L'école de Hugo était aussi accueillante que son jardin. Elle était entourée de grands arbres et de parterres de fleurs multicolores. L'enseignante, Madame Rose, portait un tablier fleuri et un sourire aussi doux que le miel. « Bienvenue, Hugo ! Je suis sûre que tu vas adorer notre coin jardin, » lui dit-elle en lui montrant la petite serre à côté de la salle de classe.

La classe de Hugo était un petit paradis. Des dessins d'arbres, d'oiseaux et de fleurs décoraient les murs. Il y avait des bacs de sable pour simuler des fouilles archéologiques et des bacs à eau pour étudier le cycle de l'eau. Mais ce que Hugo préféra dès le premier instant, c'était le coin jardin où les enfants pouvaient planter leurs propres graines et observer la croissance des plantes.

Au cours de cette première journée, Hugo apprit à planter des tournesols et des radis. Il partagea son goûter sous un grand chêne avec de nouveaux amis qui partageaient son amour pour la nature. Ils parlèrent des papillons, des abeilles et des arcs-en-ciel, et imaginèrent des jardins enchantés.

Lorsque la cloche sonna la fin de la journée, Hugo était plein de récits à raconter. Il avait découvert que l'école était un lieu magique où son amour pour la nature pouvait s'épanouir et grandir. Il avait aussi appris que partager ses passions avec des amis rendait chaque découverte encore plus spéciale.

L'aventure de Léa et le chapeau magique

Dans la ville colorée de Couleurville, où chaque maison brillait de peintures vives et de jardins bien soignés, une petite fille nommée Léa se préparait pour un jour très spécial : son premier jour de maternelle. Léa, avec ses cheveux bouclés et son sourire contagieux, était connue pour sa curiosité sans fin et son imagination débordante.

Pour cette journée exceptionnelle, Léa avait choisi de porter son chapeau préféré, un chapeau rouge vif orné de petites fleurs et de rubans qui flottaient au vent comme des drapeaux. Elle pensait que son chapeau était un peu magique, car à chaque fois qu'elle le portait, de belles choses arrivaient.

Arrivant à l'école, Léa fut accueillie par Madame Julie, une enseignante douce avec des lunettes rondes et un grand sourire. Madame Julie portait un tablier bleu ciel et tenait un grand livre d'histoires sous le bras. « Bienvenue, Léa ! J'adore ton chapeau, il est plein de joie », dit Madame Julie en la conduisant à l'intérieur.

La classe de Léa était comme un rêve d'enfant devenu réalité. Il y avait des coins de lecture remplis de coussins, un espace pour les arts avec de la peinture et de l'argile, et un petit théâtre de marionnettes. Mais ce qui attira immédiatement Léa, c'était le coin nature, où de petites plantes poussaient sous une lumière douce et des papillons voltigeaient dans un vivarium.

Au cours de la matinée, Léa et ses nouveaux amis explorèrent chaque coin de leur nouvelle classe. Ils peignirent, chantèrent, et jouèrent à des jeux qui les faisaient rire aux éclats. Léa partagea son goûter avec un garçon timide nommé Tom, et ils devinrent amis instantanément, unis par leur amour pour les histoires et l'aventure.

À l'heure du déjeuner, sous le grand chêne de la cour de récréation, Léa et Tom imaginèrent des aventures fantastiques où leur classe devenait un navire explorant des océans mystérieux ou un château gardant des secrets ancestraux.

En fin de journée, alors que les parents arrivaient pour chercher leurs enfants, Léa était rayonnante. Elle avait découvert que son chapeau n'était pas seulement magique à cause des aventures qu'il semblait apporter, mais parce qu'il lui donnait le courage de faire de nouvelles rencontres et de partager sa joie.

Le premier trésor de Samuel

Dans le village paisible de Bellefeuille, entouré de champs verdoyants et parsemé de petites maisons coquettes, vivait un garçon nommé Samuel. C'était un petit garçon aux cheveux châtains et aux yeux pleins de malice, toujours prêt à partir à l'aventure. Aujourd'hui était un grand jour pour Samuel, car c'était son premier jour à la maternelle.

Tôt le matin, Samuel avait préparé son sac à dos avec soin, y plaçant son livre préféré sur les pirates et son goûter, des biscuits en forme de trésor. Sa maman l'avait habillé d'une chemisette bleue et d'un short beige, et avant de partir, elle lui avait noué ses chaussures avec des lacets brillants comme de l'or.

La maternelle de Samuel ressemblait à un grand château avec des murs colorés et un jardin où poussaient des fleurs et des légumes. Madame Bertille, son enseignante, l'accueillit avec un grand sourire. Elle portait une robe à motifs de cartes au trésor, ce qui fit immédiatement briller les yeux de Samuel.

La classe était un véritable coffre aux trésors. Il y avait des coins pour lire, jouer, dessiner, et même un petit coin science où les enfants pouvaient faire des expériences. Samuel fut attiré par le coin lecture, où il trouva des livres d'aventures et de mystères. Il se sentait déjà comme un vrai pirate découvrant une île inconnue.

Au cours de la journée, Samuel participa à une chasse au trésor organisée par Madame Bertille. Les enfants devaient suivre des indices à travers l'école pour trouver le coffre caché. Samuel et ses nouveaux amis, Lisa et Max, travaillèrent ensemble pour résoudre les énigmes et suivre la carte. Lorsqu'ils trouvèrent enfin le coffre, rempli de livres et de jeux, leur joie était indescriptible.

À l'heure du goûter, partageant ses biscuits en forme de trésor, Samuel réalisa que les vrais trésors n'étaient pas ceux qu'on enterrait, mais ceux qu'on découvrait chaque jour avec ses amis. Il avait appris que partager ses aventures rendait chaque découverte encore plus précieuse.

Lorsque sa maman vint le chercher, Samuel était impatient de lui raconter tout ce qu'il avait appris et vécu. Il avait découvert que l'école était un endroit magique, un lieu de découverte et d'amitié.

La première étoile de Sara

Au cœur du village pittoresque de Lumièreville, où chaque toit brillait sous le soleil comme s'il était saupoudré de poussière d'étoile, Sara, une petite fille aux yeux comme deux clairs de lune et aux cheveux noirs de jais, s'apprêtait à vivre un grand jour. C'était son premier jour à la maternelle, un moment que ses parents lui avaient promis être le début d'une merveilleuse aventure.

Revêtue d'une robe bleue parsemée de petites étoiles argentées, Sara tenait fermement dans sa main un petit sac à dos orné de son animal préféré, le chat lunaire. Sa maman l'avait encouragée en lui disant que chaque bonne action à l'école lui rapporterait une étoile, non pas dans le ciel, mais dans son cœur.

L'école de Sara ressemblait à un château enchanté. Avec ses grandes portes accueillantes et ses fenêtres qui semblaient rire, l'école invitait tous les enfants à entrer dans un monde de rêve. Monsieur Dupont, son gentil enseignant, portait un grand chapeau qui semblait tiré d'un livre de contes, et son sourire était aussi large que le ciel.

La classe était un tableau vivant de couleurs et de formes. Il y avait des coins pour tous les plaisirs : un coin lecture rempli de coussins doux, un coin art où les pinceaux dansaient sur le papier, et un coin musique où les notes semblaient flotter dans l'air.

Durant cette première journée, Sara découvrit le plaisir de partager. Elle partagea ses crayons, ses idées lors d'un projet de groupe et même son goûter avec un garçon qui avait oublié le sien. Chaque geste de partage remplissait le cœur de Sara d'une petite étoile scintillante, tout comme sa maman le lui avait promis.

Quand vint l'heure de rentrer à la maison, Sara était rayonnante. Elle raconta à ses parents comment elle avait aidé ses amis, écouté attentivement Monsieur Dupont, et même consolé une amie qui pleurait. Pour chaque bonne action, elle sentait son cœur briller un peu plus.

Le jardin secret de Timéo

Dans le doux village de Valjoli, caché entre des collines couvertes de coquelicots et de tournesols, Timéo, un petit garçon aux yeux pétillants et au sourire contagieux, se préparait pour son premier grand jour en maternelle. Timéo était connu dans le village pour son imagination débordante et son amour pour la nature.

Ce matin-là, avec un sac à dos orné d'un grand arbre vert, Timéo portait une casquette à l'effigie de son animal préféré, le renard. Sa maman lui avait préparé un goûter savoureux et un petit cahier où il pourrait dessiner les merveilles qu'il rencontrerait.

L'école de Timéo ressemblait à une grande maison de conte de fées, avec ses murs peints en couleurs vives et ses fenêtres qui brillaient comme des yeux curieux. Madame Elodie, sa nouvelle maîtresse, l'accueillit avec une étreinte chaleureuse. Elle portait une robe bleue parsemée de petites fleurs et un sourire qui semblait illuminer la pièce.

La classe de Timéo était un véritable tableau vivant, rempli de coins de découverte : un coin lecture sous une fausse cabane, un coin sciences avec des plantes à observer et à arroser, et un atelier d'art où les couleurs se mélangeaient comme par magie.

Durant la journée, Timéo et ses camarades de classe furent invités à explorer le "jardin secret" de l'école, un petit coin de verdure derrière la salle de classe où poussaient des herbes aromatiques et des fleurs sauvages. C'était là que Timéo se sentit le plus à l'aise, parlant aux papillons et écoutant les histoires que le vent semblait murmurer à travers les feuilles.

L'activité principale de la journée fut la plantation de nouvelles fleurs dans le jardin. Timéo, avec l'aide de ses amis, planta une petite fleur bleue qu'il choisit lui-même. Madame Elodie leur expliqua que chaque fleur, comme chaque enfant, avait besoin de soins et d'amour pour grandir.

À la fin de la journée, Timéo ne voulait pas partir. Il avait trouvé un lieu où sa passion pour la nature était partagée et encouragée. Il avait également appris que, tout comme les plantes, l'amitié et la connaissance pouvaient fleurir dans ce nouvel environnement enrichissant.

La grande aventure d'Émilie

Dans le petit village de Doucerive, là où les rivières murmurent des histoires et où les arbres dansent sous le vent, une petite fille nommée Émilie se préparait avec excitation pour son premier jour de maternelle. Émilie, avec ses cheveux blonds tressés et ses yeux bleus pleins de vie, portait une robe à motifs de petits coquelicots et des chaussures qui scintillaient à chaque pas.

Ce matin-là, Émilie prit son sac à dos rouge vif, où elle avait placé son doudou préféré, un petit ours en peluche, et un cahier de dessin pour capturer les moments magiques de la journée. Elle embrassa sa maman et prit la main de son papa pour se diriger vers la grande aventure.

L'école de maternelle de Doucerive ressemblait à une maison de conte de fées, avec ses murs peints en couleurs joyeuses et ses fenêtres décorées de guirlandes de fleurs. Madame Lise, l'enseignante, attendait les enfants avec un large sourire et un chapeau amusant décoré de papillons volants.

La classe était un monde de merveilles. Il y avait des coins pour jouer, lire, dessiner, et même un petit théâtre pour les marionnettes. Mais ce qui attira immédiatement l'attention d'Émilie, c'était le coin jardin, où des petites plantes vertes pointaient le bout de leur nez et où des insectes colorés se baladaient joyeusement.

Durant la journée, Émilie participa à plusieurs activités qui éveillaient sa curiosité et son imagination. Elle joua avec des blocs de construction, créant des châteaux et des ponts, et elle apprit à partager ses jouets avec les autres enfants, découvrant l'importance de l'amitié.

À l'heure du déjeuner, sous un grand arbre du jardin de l'école, Émilie partagea ses sandwiches avec ses nouveaux amis. Ils riaient et échangeaient des histoires sur leurs jeux et leurs rêves. Émilie se sentait déjà chez elle, entourée de nouvelles connaissances qui deviendraient bientôt de véritables amis.

Quand le jour toucha à sa fin, et que les parents vinrent chercher leurs enfants, Émilie était pleine d'histoires à raconter. Elle avait découvert que l'école était un lieu où elle pouvait apprendre, jouer, et grandir.

Alors que les pages se tournent et que les histoires de nos jeunes amis à la maternelle se concluent, un sentiment de chaleur et de joie emplit l'air. Chaque conte, rempli d'aventures et de découvertes, a non seulement préparé nos petits lecteurs pour leur grande rentrée mais leur a aussi montré que l'école est un lieu de magie et d'apprentissage continu.

Timéo, Zoé, Clara, et tous les autres enfants ont appris que, bien que l'on puisse parfois se sentir petit dans un monde si grand, c'est l'amitié et la curiosité qui rendent chaque journée à l'école enrichissante et excitante. Ils ont découvert que chaque nouvelle rencontre peut se transformer en amitié durable et que chaque défi est une opportunité d'apprendre et de grandir.

En fermant ce livre, nous espérons que nos jeunes lecteurs se sentent inspirés et excités à l'idée de franchir le seuil de leur propre classe, armés de courage et d'enthousiasme pour entamer leur propre aventure éducative. Que chaque enfant emporte avec lui la certitude que l'école est un lieu où la curiosité est nourrie, où l'imagination prend son envol, et où de nouvelles amitiés fleurissent chaque jour.

Bonne rentrée à tous, que votre voyage soit aussi coloré et joyeux que les pages de ce livre !

Freddy

Printed in France by Amazon
Brétigny-sur-Orge, FR

20358416R00045